善交朋友

[英] 亚尼内·阿莫斯/著　　[英] 安娜贝尔·斯彭斯利/绘
[英] 雷切尔·安德伍德/幼教顾问　　贾洪宝/译

知识产权出版社
全国百佳图书出版单位

图书在版编目（CIP）数据

善交朋友 /（英）阿莫斯著；贾洪宝译 . — 北京：知识产权出版社，2016.1
（我能管好自己）书名原文：Making friends

ISBN 978-7-5130-3310-7

I. ①善… II. ①阿… ②贾… III. ①品德教育 — 儿童教育 — 家庭教育 IV. ① G78

中国版本图书馆 CIP 数据核字 (2015) 第 013378 号

First published in the United Kingdom by Cherrytree Books,1997
Copyright©Evans Brothers Ltd.
This edition published under licence from Pila Books Limited.
This edition is only available for sale in Mainland China.

责任编辑：李　潇　　　　　　　　责任校对：董志英
装帧设计：于　静　　　　　　　　责任出版：刘译文

我能管好自己 ④
善交朋友
[英] 亚尼内•阿莫斯 著　　[英] 安娜贝尔•斯彭斯利 绘
[英] 雷切尔•安德伍德 幼教顾问
贾洪宝 译

出版发行：	知识产权出版社 有限责任公司	网　　址：	http://www.ipph.cn
社　　址：	北京市海淀区马甸南村 1 号	邮　　编：	100088
责编电话：	010-82000860 转 8133	责编邮箱：	elixiao@sina.com
发行电话：	010-82000860 转 8101/8102	发行传真：	010-82000893/82005070/82000270
印　　刷：	北京中科印刷有限公司	经　　销：	各大网上书店、新华书店及相关专业书店
开　　本：	787mm×1092mm　1/16	字　　数：	40 千字
版　　次：	2016 年 1 月第 1 版	印　　张：	2
ISBN 978-7-5130-3310-7		印　　次：	2016 年 1 月第 1 次印刷
京权图字：	01-2015-0585	定　　价：	9.00 元

出版权专有 侵权必究
如有印装质量问题，本社负责调换。

埃莉和达伦

刚刚下过雨,地面上有很多水。

啪！埃莉跳进了一个小水坑。

这时，埃莉看见了昨天刚搬来的邻居达伦。

"真巧呀!"埃莉说,"你也穿着雨靴,我们可以一起玩。"

达伦也跑进水坑。

他和埃莉一起跳起来,两个人玩得开心极了。

埃莉的妈妈高兴地对他们说:"太好了,看来你们已经成了好朋友!"

道格和简

大家正在用积木搭房子。

道格一个人站在旁边看着。

看到他们玩得那么高兴，道格生气地冲过去，推倒了积木。

积木房子一下子就塌了。

"你不能这样做!"简喊道,"我们现在又得从头来了。"

"你不是我们的朋友,请不要打扰我们!"

道格一个人落寞地走开了。

吉尔老师看到了刚才发生的那一幕,她叫住了道格。

"你看上去很不高兴。"吉尔老师说。

"你是不是也想和大家一起玩?"

道格点了点头。

"如果你想和他们一起玩,"吉尔老师说,"就勇敢地走过去,把自己的想法告诉他们。"

道格说:"他们会原谅我吗?您和我一起去吧。"

吉尔老师陪道格走到积木那儿。

"我也想玩。"道格鼓起勇气,对其他人说。

"我们恰好需要人帮忙搭房顶。你来和我们一起玩吧。"简说。

道格马上高兴地玩了起来。

他和简一起搭起了房顶。

简笑着对道格说:"你现在是我的朋友了。"

道格说:"太好了,谢谢你让我做你的朋友。"

 想一想

如果你想和别人一起玩,请直接说出自己的想法。有时交朋友很容易,一起做一件有趣的事就可以了。